Lb 2849
A

AF267980

LA PAIX OU LA GUERRE.

A LA FRANCE

ET AU CORPS ÉLECTORAL.

La première édition de ce manifeste a paru dans la *Phalange*, *Journal de la Science sociale*, numéro du 15 février 1839.

NEVERS, IMP. DE J. PINET.
place Saint-Sébastien.

LA PAIX

ou

LA GUERRE,

PAR

VICTOR CONSIDÉRANT,

EX-CAPITAINE DU GÉNIE, ANCIEN ÉLÈVE DE L'ÉCOLE POLITECHNIQUE.

A LA FRANCE

ET AU CORPS ÉLECTORAL.

Deuxième Édition.

NEVERS

A LA LIBRAIRIE DE I.-C. LAURENT.

FÉVRIER 1839.

A LA FRANCE

ET

AU CORPS ÉLECTORAL.

> Aujourd'hui plus que jamais il faut savoir dire à chacun la vérité. (Page 6.)
>
> ....Ah ! si nous voulons sérieusement la guerre, ne remettons pas du moins le sort de la France aux mains incertaines , aux éléments débiles, sans énergie, sans volonté et sans unité, qui viennent de s'accoupler dans une coalition déplorable ! — Arrière tous ces hommes, bons pour renverser un ministère, mais sur qui nous ne pouvons pas compter pour refouler l'Europe coalisée contre nous ! arrière ! et place aux hommes vraiment propagandistes et révolutionnaires ! (Page 15.)

Dans l'état social imparfait et continuellement troublé où nous vivons, les choses ne sauraient aller régulièrement, en ligne droite et d'un mouvement continu; elles oscillent aux secousses plus ou moins violentes des réactions qui se succèdent. Ainsi, ne voguant pas sur une mer calme, vers un but connu, ne se guidant pas sur les étoiles, mais louvoyant sous un ciel souvent sombre et chargé, et sur une mer orageuse, le pilote doit, du coup

d'œil au moins, dominer chaque situation, et savoir profi-
ter même du flot et du vent contraires pour pousser le
navire en avant et lui gagner une position plus sûre. —
La politique ne s'est pas proposé autre chose que ces solu-
tions au jour le jour, et trop rarement même elle s'y mon-
tre heureuse.

Aujourd'hui la tâche de la politique est pressante. La
coalition a posé un grand et dangereux problème ; mais
à l'homme qui voudrait conquérir le titre de grand homme
d'État, il serait possible de tirer de ce grand mal un grand
bien pour la France, et de faire servir la Coalition à donner
à la paix européenne une base moins incertaine.

Nous allons le faire voir en examinant la situation présente.

Quiconque, pensant librement et tenant son esprit dans
une région élevée, contemplera avec calme et indépen-
dance la tempête politique qui vient de se former , pourra
se rendre compte facilement des causes qui l'ont amenée,
des dangers dont elle menace la France et l'Europe, et du
parti qu'il convient de prendre. — Interrogeons les faits
sans préoccupations passionnées , mais aussi sans faiblesse
et sans condescendance.

Aujourd'hui plus que jamais il faut savoir dire à chacun
la vérité.

Qu'est-ce que la Coalition.

Qu'est-ce que la Coalition en elle-même et dans son but ;
et quelle est sa valeur ?

En elle-même, la Coalition est une réunion anormale
d'opinions, de principes, de partis ennemis, qui s'excluent
les uns les autres dans leurs vues fondamentales , dans

leurs buts d'avenir, en un mot, dans leurs tendances et dans leurs systèmes politiques avoués et connus. — Cette définition, personne ne songe à la refuser.

La Coalition ne représente aucune idée, aucun principe ; elle ne formule aucun système; elle se borne à blâmer, à critiquer ce qui a été fait.

Dans son but, la Coalition est une *négation*, une négation pure et simple.

En effet, les répulsions qui animent, les uns contre les autres, les éléments dont elle se compose, ne sont momentanément suspendues que par la force d'une passion commune, d'une passion de renversement. Le but, le seul but *réel*, le seul but *commun*, de la coalition, c'est le renversement du ministère. Au-delà il n'y a plus de volonté commune, de pensée commune; tout se sépare, tout se divise; le renversement du ministère DISSOUT la Coalition.

Il est bien vrai que (grâce à ce que la nature humaine n'a pas des munitions inépuisables pour la haine, même dans le domaine haineux de l'esprit de parti) les éléments coalisés ont ralenti leur feu les uns contre les autres, au fur et à mesure qu'ils ont mieux nourri le feu croisé sur l'ennemi commun. Mais supposer seulement que les hommes de la coalition hésitent à reprendre leurs hostilités réciproques, une fois le but atteint, une fois le ministère renversé, ce serait leur faire à tous le plus sanglant outrage. — Ces hommes n'avaient-ils pas, ou avaient-ils en effet, des raisons, des raisons fortes, profondes, consciencieuses, pour être ennemis avant la coalition ?

Dans le premier cas, si ces hommes investis du pouvoir social ; si ces hommes aux mains desquels sont confiés le présent et l'avenir du pays ; si ces hommes à qui la Patrie donne mission en leur disant : « A vous le pouvoir suprème, à vous de faire et de défaire la loi, de dominer la loi qui domine tout; la souveraine autorité sur la loi vous est remise pour veiller au salut de tous ! » si ces hommes, investis de cette mission auguste, se sont pendant huit ans maltraités, haïs, combattus pour le plus grand mal du pays au lieu de faire sagement les affaires du pays ; s'ils ont agi ainsi sans avoir d'immenses excuses dans leurs vues, dans leurs consciences, dans des convictions erronées ou non, mais sincères, mais profondes : si ces intestines divisions qui, loin de diminuer, ont augmenté ; qui de deux grands partis qu'elles formaient d'abord ont successivement formé trois, quatre, cinq, vingt partis, les dix partis et les dix sous-partis dont se compose la Coalition ; si ces divisions déplorables ont été sans raisons essentielles, quels noms alors méritent ces divisions? quels noms méritent ces hommes ?

Mais si ces hommes ont eu des excuses légitimes; s'ils n'ont pas déchiré à plaisir la robe de la Patrie pour s'en disputer les lambeaux ; si des convictions fortes, si des principes, si des systèmes différents les ont armés consciencieusement les uns contre les autres : devant quelle illumination soudaine, alors, et dans quelle vue nouvelle, dans quelle combinaison imprévue, large, intelligente, compréhensive, ces dissentiments se sont-ils absorbés? — Quelle conception a surgi capable de satisfaire à la fois à toutes ces exigences, à tous ces désirs, à toutes ces vues contradictoires; capable tout au moins de toucher, d'amollir et de ramener à l'unité ces volontés divergentes ? — Dans quel système bienfaisant et plein d'avenir ont communié enfin ces grandes inimitiés ?

En vérité, nous n'avons rien vu... aucune lumière extraordinaire, aucune doctrine inconnue et capable d'opérer un ralliement dans les esprits, rien ! absolument rien !

La coalition n'a rien inventé, rien produit, rien émis qu'une coalition; et certes, tout homme de sens qui a tout écouté, tout entendu, tout lu, tout examiné, se trouve parfaitement en mesure de déclarer qu'il ne sait ni plus ni mieux qu'auparavant quel système il faut suivre pour faire le bonheur et la prospérité de la France.

Eh! bon Dieu! vous demandez une vue d'avenir, un plan de conduite, un système à la Coalition!

Mais précisément il n'y avait de coalition possible qu'à la condition que chaque coalisé supprimerait l'expression de ses vœux propres; de telle sorte que toutes les vues incohérentes des éléments incohérents de la Coalition, bien loin de s'accorder dans un lumineux système, sont devenues chacune au contraire plus obscure, plus incertaine et plus insaisissable! Qui donc, en France, prendrait aujourd'hui sur lui de dire ce que ferait M. Thiers s'il entrait demain au pouvoir? — personne, en France; sans en excepter M. Thiers lui-même. Et M. Guizot? et M. Odillon Barrot? et les autres têtes de la Coalition? que feraient-ils, chacun séparément, ou tous ensemble dans un cabinet de coalition? Ces hommes se montreraient-ils encore ce qu'on les a vus dans le passé? Ont-ils, oui ou non, pris des engagements les uns avec les autres? Jusqu'à quel point se sont-ils modifiés, transformés, dans la mêlée parlementaire? Quels principes ont été entamés? quels principes ont été foulés aux pieds? quels principes sont restés debout?

(Il est pourtant triste de penser que quinze jours de passion aveugle, et de cette colère de l'ambition inassouvie qui a rompu ses digues, ont eu plus de puissance pour modifier, pour rapprocher et mélanger principes, antipathies, systèmes, hommes et choses, que n'en ont eu pendant huit ans, sur ces *hommes d'Etat*, l'amour de la Patrie, le sentiment de leurs grands devoirs et des grands intérêts du pays.)

Si donc il était déjà fort difficile d'avoir une idée nette sur chacun des prétendus *systèmes* qui sont entrés dans la coalition ; si de la vague phraséologie dans laquelle ils avaient toujours soin de s'envelopper, il était fort difficile de déduire quelque chose de précis et d'arrêté : qu'est-ce donc aujourd'hui après ces unions contre nature, après cette polygamie monstrueuse de toutes les opinions, après cette grande orgie sans exemple des hommes, des choses et des principes, qu'on appelle la Coalition ?

Voulez-vous une épreuve ? Prenez à part chacun de ces coalisés, et demandez à chacun des réponses catégoriques, nettes, et sans faux-fuyants, précisant la conduite que l'on aurait dû ou qu'il faut tenir sur tel, tel et tel point de la politique intérieure et de la politique extérieure ; faites les mêmes demandes à chacun, en exigeant de chacun des réponses tranchées, et sans vous laisser payer de paroles évasives et illusoires... vous verrez le résultat...

Et c'est cette collection de contradictions et d'incertitudes qui veut le Pouvoir ! qui veut la France à gouverner ! qui veut que nous lui remettions notre présent et notre avenir ! Et c'est cette collection d'ambitions gouvernementales déçues, unies aux éternels ennemis de tous les cabinets, qui, sans prendre seulement la peine de nous dire ce qu'elle compte faire de nous, ce qu'elle compte faire en Europe ; si elle veut la paix, si elle veut la guerre, si elle veut nous jeter sur la Meuse, si elle veut nous jeter sur le Rhin, réclame le gouvernement de la France, et prétend que la nation soit l'enjeu de la vanité de ses coryphées !

Et c'est cette minorité bigarrée, cette minorité à dix dra-
peaux, qui trépigne, qui menace, qui paralyse l'industrie,
suspend le commerce, répand la défiance, échauffe les passions, galvanise le pays, met en émoi l'Europe, sème le vent
au dedans et au dehors pour récolter au dehors et au dedans les tempêtes !.... Et pourquoi ? — parce que l'on a
voulu, avant d'abandonner le Pouvoir à sa voracité, con-
sulter la France, pour savoir si la France est décidément
d'avis de remettre, dans un moment critique, décisif, son
sort, sa prospérité et son avenir, à ces graves et grands
hommes d'État qui viennent de fouler aux pieds, en quinze
jours, leurs principes, leur passé, leur caractère ! à ces hommes qui n'ont plus ni forme déterminée, ni figure recon-
naissable, ni sens propre ! qui n'offrent plus de signes aux-
quels on puisse savoir qui ils sont, avec qui ils sont, ce qu'ils
veulent ! — M. Guizot ! M. Guizot, la plus jalouse et la
plus étroite incarnation de cette fraction de l'aristocratie
bourgeoise qui se distingue par son égoïsme, l'homme le
plus inintelligent des besoins des classes inférieures, le plus
hostile à l'expansion de la vie sociale, l'homme qui n'a eu
qu'un génie celui de la Férule et de la Résistance ; M. Guizot ! l'homme qui mettait à Gand sa réthorique creuse au
service de la légitimité et de l'ennemi quand les patriotes se
faisaient tuer pour défendre la France ; M. Guizot ne vient-
il pas de se faire enrégimenter avec acclamation dans les
rangs de la démagogie (1) ; et ne parle-t il pas de suscepti-

(1) On lit dans une feuille démocratique du dimanche :

« M. Guizot vient d'adresser à ses commettants une déclaration expli-
cative de sa conduite politique ; nous y lisons cette phrase significative :
« Il y a cinquante ans, en 1789, un noble désir vint à nos pères, le désir
» de vivre dans un pays libre, c'est-à-dire de prendre part eux-mêmes
» au gouvernement de leur pays. Car *la participation au pouvoir est*
» *la seule garantie forte et vraie de la liberté.* » Nous nous plaisons
à enregistrer cet aveu du chef des doctrinaires. La presse démocratique

bilités *nationales* et de guerre ? Et c'est à cette Babel où toutes les langues sont confondues, tous les principes croisés, mêlés, enchevêtrés que vous voulez remettre notre sort, le sort de l'Europe, la grande question de la paix ou de la guerre ?

Mais, dit-on, il y a une foule de bons citoyens dans les rangs de la coalition, une foule d'hommes purs, honorables, vertueux même ! — Nous le savons ; et c'est là le mal. Le mal, c'est qu'il y ait toujours de bons citoyens dans les mauvaises causes, et dans les bonnes, de mauvais citoyens, des hommes corrompus, tarés, méprisables ! Est-ce que les mauvaises causes seraient dangereuses si elles n'enrégimentaient que des hommes réprouvés ? Le mal, le grand mal aujourd'hui c'est que d'excellents citoyens aient été séduits, entraînés ; c'est que leur blâme très-juste pour tels ou tels actes du ministère, pour des faiblesses, pour des fautes incontestables, les aient engagés dans une partie où s'échauffant, se piquant, s'excitant les uns les autres, ils se sont laissé emporter à une manifestation dont les conséquences peuvent être terribles dans l'état actuel des esprits en France et des choses en Europe.

n'a rien dit de mieux ni de plus formel. Que demandons-nous avec tant de persistance ? la participation de tous les Français au gouvernement de leur pays ; cette participation, nous la voulons par des représentants élus par tous, et conséquemment investis du mandat universel. Nous ne cessons de dire et de répéter que la mise en tutelle de la nation doit avoir un terme, que ses prétendus tuteurs ne sont que les usurpateurs de ses attributions, les spoliateurs de ses droits ; que, logiquement, nul ne devrait être tenu d'acquitter l'impôt qu'il n'a pas voté par lui ou par ses délégués, d'obéir à des lois qui ont été faites sans la participation de ses représentants immédiats et directs. Ce que nous disons, M. Guizot le dit lui-même, et nous regardons ce fait comme d'une haute gravité. Le principe est posé ; il ne reste plus qu'à en appliquer les conséquences. Ce sera, nous l'espérons, l'œuvre d'un prochain avenir. »

Eh ! bon Dieu ! il ne s'agit pas du ministère ! il s'agit de bien autre chose vraiment !

Il s'agit de la Paix ou de la Guerre : d'une guerre à toute chance, d'une guerre dont le premier enjeu est le gouvernement de Juillet, la Monarchie, l'existence de la France et de la Belgique, et peut-être le sort de la civilisation européenne.

Et quand on pense que la Paix assurait à la France et à son génie le premier rang, la glorieuse suprématie en Europe ! Quand on pense que la Paix faisait si merveilleusement la Propagande des idées françaises chez tous ces peuples qui nous environnent, qui gravitent de jour en jour, et de plus en plus dans la sphère de notre attraction ! Quand on pense que nous n'avions plus qu'à attendre, dans notre impassibilité, la lutte imminente de la Russie et de l'Angleterre pour être les arbitres du monde ! pour dominer le monde de plus haut que ne l'a jamais dominé l'aigle de l'Empereur ! Quand on pense à cela, est-il possible de ne pas se jeter au-devant de ces malheureux aveugles, de ces malheureux égarés qui jouent de gaîté de cœur un avenir certain ; un avenir magnifique, et vont compromettre cette *Sainte Alliance des Peuples européens* laquelle suivait nécessairement la lutte de la Russie et de l'Angleterre en Orient, et la *suprématie continentale et maritime* de la France !

Allons ! courage ! brisez cet avenir, ou du moins retardez-le de toute votre puissance ! réveillez par la guerre les susceptibilités et les haines nationales que la paix éteignait ! Tournez contre nous tout ce qui se disposait pour nous ! Et à propos de quoi ? — A propos de quelques vanités, de quelques misères, pour venger quelques ambitions rentrées ! Et dans quel moment ? — Au milieu du calme, quand l'ère du travail, de l'intelligence, de l'activité utile et productive, semblait enfin se lever sur la France ; quand toutes les grandes difficultés étaient passées, et qu'il ne restait plus que des questions d'une importance tout-à-fait subalterne à côté de toutes les grandes questions qui ont été résolues sans un seul coup de canon sérieux !

Eh bien ! la voulez-vous, la guerre ? La guerre ! vous ? Mais non, vous ne la voulez pas. Vous avez bien trop de raison, au fond, pour la vouloir ; vous savez trop bien que vous n'êtes pas de taille à entamer et à conduire une guerre avec l'Europe ! La guerre générale ! vous savez bien que vous seriez les premiers à en avoir peur, et que si, par malheur, vous aviez engagé la partie, vous penseriez promptement à arranger l'affaire.... si le génie révolutionnaire, vous poussant du pied dans le fossé, n'y venait alors mettre bon ordre !

Que si la France veut la guerre, si elle est fatiguée du repos, si elle veut se remettre à labourer l'Europe de sa grande épée et à y semer quelques centaines de mille cadavres ; il faut alors nous préparer et serrer nos rangs ; il faut avoir *bien voulu* avant de commencer, et renvoyer d'abord toutes ces incertitudes, toutes ces timidités, toutes ces bravoures peu solides que la coalition a enrôlées, sauf toutefois quelques hommes d'extrême gauche et M. Thiers, — qui pourraient servir !...

Si nous voulons délibérément la guerre, la guerre avec l'Europe, une grande et forte guerre révolutionnaire, alors appelons les hommes de guerre et d'énergie, les hommes de Révolution et de Propagande ! Si nous voulons la guerre, poussons unanimement le cri de guerre ! installons une Convention Nationale, un Comité de Salut Public, et pressons les flancs de la Patrie... car il faut qu'elle enfante une armée pour l'Espagne, une armée pour l'Italie, une armée pour le Nord, une armée pour la Meuse, une armée pour le Rhin ! Rappelons les 50,000 hommes que nous avons en Afrique, et abandonnons l'Afrique ; rappelons notre escadre du Mexique ; préparons-nous enfin sur terre et sur mer : car nous ne savons pas, dans cette mêlée-ci, qui sera pour nous, qui sera contre nous !... Ah ! si nous voulons sérieusement la guerre, ne remettons pas du moins le sort de la France aux mains incertaines, aux éléments débiles, sans énergie, sans volonté et sans unité, qui viennent de s'accoupler dans une coalition déplorable ! — Arrière tous ces hommes, bons pour renverser un ministère, mais sur qui nous ne pouvons pas compter pour refouler l'Europe coalisée contre nous ! arrière ! et place aux hommes vraiment propagantistes et révolutionnaires !

Mais la Coalition ne veut pas la guerre. La coalition veut une paix compatible avec la dignité de la France ; la Coalition veut qu'on intervienne et qu'on exploite au profit de la France, au profit de nos frères de Belgique, la terreur que la France inspire à l'Europe.

La Coalition VEUT, dites-vous ? Est-ce que la Coalition peut vouloir quelque chose ? est-ce que la Coalition sait ce qu'elle veut ? est-ce qu'elle peut avoir un système, un plan, une volonté déterminée ? est-ce qu'elle est maîtresse de quelque chose, et d'elle-même ? *Que veut-elle* donc que nous demandions à l'Europe ? sont-ce les limites du Rhin ? est-ce simplement la remise du Luxembourg et du Limbourg à la Belgique ? est-ce simplement l'élévation ou la démolition de quelque place de guerre ? — La Coalition n'a rien dit, rien précisé... et pour cause.

Eh bien ! prenons sa formule vague, sa propre formule *d'une paix compatible avec la dignité de la France*, et prouvons que la Coalition, la Coalition seule est précisément incapable d'*exploiter*, *par la paix*, *au profit de la France*, *la terreur que l'Europe peut concevoir de la France.* Examinons les faits. — C'est ici que nous appelons l'attention du pays et des électeurs qui vont prononcer sur son sort.

Mettons-nous en présence des éventualités. Voyons les positions que nous ferons, à nous et à l'Europe, le triomphe de la Coalition ou sa défaite aux élections prochaines.

Triomphe de la Coalition.

Si la Coalition triomphe, tous ses éléments se trouvent immédiatement abandonnés sans contre-poids à leurs répulsions naturelles et à leurs ambitions de victoire. Tous auront combattu, nous auront vaillamment concouru au succès, tous auront donc conquis des droits aux dépouilles : et plus chaque parti aura déployé d'activité, d'ardeur et de passion, plus il lui sera permis de se montrer exigeant, avide insasiable. La fureur pour le saccagement et le pillage est toujours proportionnelle à la fureur de l'assaut.

Il faudra pourtant bien chercher à s'entendre et à paraître unis pendant quelques jours, sous peine, d'abord, de retomber immédiatement dans la nullité des diffractions hostiles et des minorités impuissantes.

Alors il y aura un grand scandale de destitutions, de faveurs, de places, de partages et d'assouvissements impossibles...

Il faudra bien chercher à satisfaire tout le monde, à apaiser tout le monde ! il faudra bien se débarrasser de ses ennemis, allécher ceux-ci, séduire ceux-là, acheter des voix, acheter des neutralités, se faire des créatures ! La menace est déjà partie, la Coalition s'est enggaée à des destitutions systématiques ; — et il est permis de croire que bien des amis, bien des parents, bien des protégés se réjouissent d'avance au camp des coalisés. Ce serait donc une triste curée à voir ; et il est probable que les divers emplois de la corruption, pour souder les élément sdisjoints d'une coalition victorieuse, offriraient une collection qui n'aurait rien à envier, en richesse, à celle d'aucun autre ministère. On a déjà bien eu l'imprudence de dire qu'il y avait dans la Chambre un bagage appartenant de droit à qui distribue les faveurs !

Entre temps, l'Europe armerait, formerait des camps d'observation, s'échelonnerait sur nos frontières ; et si M. Thiers disait à l'Europe qu'il ne veut pas la guerre, l'Europe répondrait à M. Thiers que, dans la position qu'il a prise, il est tout-à-fait impossible qu'elle ait confiance en ses engagements et en ses paroles. — Voici donc la situation :

L'Europe arme en guerre, et la France arme en guerre ;

Nous rappelons nos armées et nos escadres ;

L'esprit révolutionnaire et la Propagande se réveillent, secouent leurs armes et invoquent l'IMPRÉVU ;

Le gouvernement nouveau est obligé (ne le voulût-il pas, n'eût-il pas des engagements pris) de s'appuyer sur la gauche ;

Une nouvelle dissolution est nécessaire ; et le Gouvernement pousse lui-même à des élections de gauche :

Cependant, les intérêts qui veulent la paix en France, les intérêts puissants qui ont maintenu la paix depuis huit années, s'abandonneront-ils à la pente du gouvernement issu de la Coalition ? non ; ils lui créeront une opposition extrême, une opposition désespérée. La France paraîtra à l'étranger divisée, affaiblie par ses dissensions intestines, rongée par la corruption ; — et qui peut ré-

18

pondre que la peur de l'envahissement et de la propagande
ne donnera pas alors à l'étranger le courage de marcher
sur nous ?

Nous ne disons pas que ceci est certain et arrivera ainsi;
mais nous disons que ceci est possible, est propable, et
qu'à coup sûr le cabinet amené par la Coalition, à moins
de reculer au-delà du cabinet contre lequel la Coalition
s'est dressée en faisant appel aux susceptibilités de l'orgueil
national, a moins de prouver à l'Europe qu'il a, plus
qu'elle-même, peur de la guerre; qu'à coup sûr ce cabinet ne serait plus maître de la paix, ne pourrait plus ga-
rantir la paix : car l'Europe n'aurait en ces assurances de
paix aucune confiance; car les avant-postes se rapproche-
raient; car ce serait alors que le premier coup de canon
tiré, qu'une rencontre de patrouilles sur la frontière pourraient avoir du retentissement en Europe. Si nous avons
des susceptibilités et de l'orgueil, croit-on donc que l'é-
tranger n'en ait pas comme nous ?

Et maintenant (puisqu'il faut tout dire), quand nous aurons besoin de toutes nos forces aux frontières, laisserons-
nous vingt mille hommes à Paris pour contenir l'émeute à
Paris ? dix mille hommes à Lyon? et des brigades et des divisions dans tous nos grands centres industriels que travail-
lerait la Propagande ardente, quand déjà nous aurions à
contenir la contre-révolution dans l'Ouest et dans le Midi?

Nous soumettons ces questions et leurs conséquences à
ceux des électeurs coalitionistes et des députés coalitionnaires
qui sont amis de la paix, qui sont amis de la monarchie,
qui se glorifient de l'avoir fondée en 1830, et défendue
depuis huit ans. — Qu'ils examinent le chemin fait depuis
la convocation des Chambres. Il y a deux mois, la Coalition
n'était qu'une intrigue de parlement; aujourd'hui elle est
déjà un grand trouble en France et en Europe. Qui peut

dire où nous ne serons pas dans deux mois , si la Coalition triomphe ?

Les adversaires de l'ordre actuel, républicains et légitimistes se réveillent, se réjouissent, excitent leur monde et *prophétisent* un prochain *imprévu*. Eux seuls sont logiques dans leur joie et dans leurs espérances, puisque seuls ils veulent un grand renversement !

En résumé nous avons montré que la Coalition est incapable de réaliser sa formule et d'obtenir de l'Europe des concessions en conservant la paix ; car l'Europe ne peut pas désarmer en présence de la Coalition victorieuse, c'est-à-dire en présence *de la défaite du système de la Paix en France.*

Examinons l'autre hypothèse : le triomphe du système pacifique dans les élections.

Le système de la Paix triomphe.

Si le système de la paix triomphe, s'il remporte un avantage marqué sur la Coalition dans les élections, c'est précisément alors un Cabinet anticoalitionnaire, un Cabinet représentant le système de la paix, représentant la continuation de la politique suivie depuis huit années, c'est justement ce Cabinet anticoalitionnaire qui pourra dire à l'Europe : *Je veux la Paix*, et être cru par l'Europe.

Mais en disant *je veux la Paix*, et en étant cru, il dira encore quelque chose aux rois de l'Europe ; il leur dira :

« Majestés ! nous venons de livrer en France un combat pour le système de la paix, et nous l'avons emporté dans la sagesse et dans la volonté de la France, Mais derrière nous il y a un flot, un flot agité qui monte, un flot dont la colère et le grondement redoublent ; la tempête est loin d'être apaisée, et il faut que vous m'aidiez à l'apaiser ; car il y va de vos sceptres et de vos couronnes. La France propriétaire et industrielle, et la France intelligente et jeune, celle qui comprend l'avenir, maintiennent et contiennent la France belliqueuse, napoléonnienne et propagandiste ; mais il ne faut pas que vous nous forciez, nous qui voulons la paix, à vous déclarer la guerre. La fin de nos arrangements en Europe constitue une dernière difficulté, une dernière crise ; mais la difficulté n'est pas grande au fond, et nous vous engageons sincèrement à conclure avec nous de telle sorte que nous ne puissions pas être accusés de trahir la dignité de la France. Si vous ne nous faites la main forte ici pour la paix en nous laissant la main digne, nous vous déclarerons la guerre ; car si nous ne vous déclarons pas la guerre, nous serons débordés, entraînés dans le flot qui gronde et qui monte, et avec nous la Royauté ; et vous vous verrez face à face alors avec la Propagande et avec le Génie Révolutionnaire.. .. Aidez-nous donc, Majestés ! à vous éviter cette pénible rencontre. »

Voici ce qu'un cabinet anticoalitionnaire dira aux Rois de l'Europe ; il le dira nécessairement, forcément ; ou, quand il serait assez inintelligent, assez incapable pour ne pas savoir le dire, les faits le diraient et le feraient comprendre à l'Europe.

Ou l'Europe veut délibérément la guerre, ou elle la redoute.

Si elle la veut ; il n'y a pas à discuter, mais à préparer nos armes.

Si elle la redoute (et c'est notre opinion, très-fortement établie, quelle redoute la guerre et qu'elle ne peut être amenée à la vouloir que par lassitude et crainte de notre turbulence), si l'Europe redoute la guerre, disons-nous ; il peut y avoir lieu, par conséquent, à exploiter au profit de la France et de la Belgique, cette crainte que l'Europe a de la guerre, il est certain , très-certain qu'un cabinet anticoalitionnaire est seul en mesure d'exploiter cette crainte ; c'est à lui seul que l'Europe peut faire des concessions *pour avoir la paix ?* car seul il peut inspirer confiance à l'Europe dans ses paroles de paix.

Encore une fois ! M. Thiers n'est plus maître aujourd'hui de faire croire à l'Europe qu'il ne veut pas, qu'il ne désire pas la guerre... et il est certain que si, à la suite de la Coalition, il se produit un Pouvoir, ce sera *d'abord* le Pouvoir de M. Thiers ; — car il est évident que dans cette cohue lui seul est capable, lui seul se tient prêt à tout , lui seul est tout décidé.

Ainsi la Coalition *seule* est dans l'impossibilité de manier et d'appliquer la formule au moyen de laquelle elle a soulevé les passions et la tempête dans le pays ; *conserver la paix en obtenant les concessions exigées par la dignité de la France.*

Et maintenant, remarquez-le bien, cette formule n'a été pour la Coalition qu'un expédient, un misérable expédient dont elle s'est servie pour s'échauffer elle-même, pour se battre les flancs, pour se donner du cœur à l'assaut des portefeuilles, et pour se créer un appui dans le sentiment de l'honneur national, dans les nobles susceptibilités, dans les nobles sympathies de la France. N'est-ce pas une dérision qu'un pareil appel à de pareilles susceptibilités, à de pareilles sympathies, fait par les hommes de la Coalition, par ces hommes-là même dont la majeure partie ont voulu et veulent encore, au fond, le système de paix qu'ils osent proclamer aujourd'hui honteux pour la France ? — Ah ! cet appel est si bien une dérision, une dérision amère, que les républicains, qui se réjouissent de voir la Coalition faire craquer dans ses fondements le gouvernement représentatif et saper la monarchie par la base, ne cachent point le mépris que leur inspirent la Coalition et ses fanfaronnades étranges ,.

La Paix ou la Guerre.

Nous avons débarrassé la question des subtilités et des ambages dont les rhéteurs la compliquent ; nous l'avons posée dans sa nudité ; non telle qu'elle est dans les discours et dans les écrits ; non telle, sans doute, qu'elle apparaît aux esprits aveuglés, emportés et frappés de vertige de la majorité des coalitionistes qui ne veut pas la guerre : mais telle qu'elle est *dans les faits et dans les passions !*

Ce sont les faits, les passions et les choses qui posent les questions, ce ne sont pas les orateurs !

Et certes, s'il ne s'agissait que d'une question de portefeuilles et de personnes, s'il ne s'agissait que d'une question ministérielle, que d'une question de centre droit ou de centre gauche ; s'il ne s'agissait que de petites passions, de passions dont les mouvements ne pussent pas ébranler le monde ; s'il ne s'agissait pas aujourd'hui de remettre en question la monarchie, l'ordre, le développement régulier de la prospérité du pays ; de jouer tout cela contre un avenir inconnu ; s'il ne s'agissait pas, en un mot, de la Paix ou de la Guerre, certes, la France si calme, si indifférente, si froide aux dernières élections ; qui a laissé passer les dernières élections sans y prendre garde, sans se déranger de ses affaires ; certes la France, aujourd'hui, ne suspendrait pas son mouvement industriel, son travail, sa vie, pour assister tout entière au combat électoral qui se prépare...

C'est donc la Paix ou la Guerre qui va sortir de l'Urne

électorale. Que les bulletins qui y descendront le sachent et le comprennent !

Qui nous sommes , et notre opinion sur la Guerre.

Quant à nous , qui n'intervenons pas, d'habitude, dans les luttes mesquines, stériles et dissolvantes où les partis s'agitent ; qui raisonnons d'en haut sur ces luttes pour en démontrer aux bonnes intelligences et aux bonnes volontés l'improductivité, le vide et la malfaisance, nous devons aujourd'hui sortir de cette sphère rationelle et scientifique où nous préparons les idées et les choses de l'avenir ; nous devons en sortir, aujourd'hui qu'il s'agit d'engager ou non la France et l'Europe dans la grande tourmente des batailles et des révolutions ; aujourd'hui qu'il s'agit d'aborder ou non l'INCONNU et l'IMPRÉVU ; aujourd'hui qu'il s'agit de décider si la Patrie doit prendre ou non cette position dans laquelle elle pourra bientôt avoir besoin de mettre son dernier homme en ligne, de changer son dernier soc en glaive, de donner pour la guerre son dernier écu ; aujourd'hui nous devons descendre de cette chaire d'Economie Sociale où nous enseignons les moyens certains et pacifiques d'assurer la prospérité, et l'union prochaine des nations ; nou[s] devons, — comme tous les bons citoyens qui ont une volonté, une décision, une énergie, une intelligence et au besoin un bras à mettre au service de la Patrie, — entrer dans l'arène.

Or, nous descendons et nous entrons dans l'arène, — prêts pour la guerre, si le sort de l'humanité doit être encore remis aux hasards de cet affreux fléau; mais apportant toute la force de nos bons désirs, toute la puissance de nos convictions profondes pour arrêter cette foule égarée qui se précipite du côté de la guerre sans la vouloir, sans comprendre qu'elle y va, et parce que la soif immodérée de domination, parce que l'impatience de quelques orgueils implacables n'a pas reculé devant le délire d'*exploiter* une crise qui devait être la dernière, — du moins jusqu'à la lutte prochaine de la Russie et de l'Angleterre, laquelle, comme nous l'avons déjà dit, assurait définitivement notre prépondérance dans le monde.

Nous ne voulons point de paix à tout prix, point de paix honteuse. Les paix honteuses amènent les grandes guerres.

Nous aurions voulu, nous le disons hautement, envers ces grandes nations plus de fermeté que n'en n'ont apporté, quand ils étaient au pouvoir, tels héros actuels de la coalition; nous aurions voulu moins de bravoure que dans le même temps ils n'en mettaient à menacer de pourfendre les petites. Nous croyons, en outre, que le jour peut promptement venir où, les affaires du Nord réglées, la Politique et l'Humanité nous feront un double et glorieux devoir d'aller mettre fin à ce hideux massacre qui se perpétue à nos côtés et qui menace d'éterniser la dévastation et l'égorgement dans cette malheureuse et désolée Péninsule. Mais nous croyons qu'il y aurait délire à vouloir terminer les affaires de la Belgique par le canon, et qu'il sera facile à un cabinet anticoalitionnaire de les terminer convenablement si la Coalition n'a pas le dessus dans les élections.

C'est à la France à savoir si elle veut tirer le canon au Nord, et à faire connaître du 2 au 6 mars sa volonté à l'Europe; car le système de la Paix et le système de la Guerre sont pour l'Europe (à qui les petites intrigues échappent) la seule question posée aux électeurs. Et si la Coalition triomphe chargeons nos canons; car l'Europe ne peut pas, sans folie, hésiter à charger les siens.

Voilà un problème éclairci; mais ce n'est pas tout : la Coalition, avec une légèreté, avec un aveuglement inouï, en a encore présenté un autre à la France. La Coalition a mis un pied dans la Révolution.

La Coalition a un pied dans la Révolution.

La Constitution a établi trois Pouvoirs, la Chambre des Députés, la Royauté, la Chambre des Pairs.

Le Gouvernement régulier et constitutionnel du pays résulte de l'action *combinée et harmonique* de ces trois Pouvoirs ; il *suppose et exige leur accord.*

Le pays entre dans un état anormal, dans une crise, sitôt que sur une question grave l'un des trois Pouvoirs cesse d'être d'accord avec les deux autres.

Si la lutte s'engage alors entre les Pouvoirs en dissidence, il faut que l'un ou l'autre cède ou soit brisé; — il y a *cas de Révolution;* — et même l'état révolutionnaire a déjà commencé sitôt qu'une lutte a sérieusement commencé; car ce n'est pas le brisement de l'un des Pouvoirs, *qui commence* la Révolution, c'est au contraire *ce qui la termine* en créant un nouveau fait gouvernemental, soit que la *forme constitutionnelle* précédente reste et que les personnes seules soient changées, soit qu'elle disparaisse dans la trombe révolutionnaire.

Le maintien et l'existence du gouvernement représentatif supposent donc et exigent assez de sagesse, de calme et d'intelligence des besoins du pays, dans les trois Pouvoirs, pour qu'ils sachent s'entendre et s'accorder sur les questions capitales, soit à l'intérieur, soit à l'extérieur.

Un des trois Pouvoirs ne peut, sans provoquer *illégiti-mement* l'entrée en crise révolutionnaire, commencer contre un des deux autres des actes d'hostilité passionnée, s'il n'a AU MOINS, en refusant de rester plus longtemps d'accord avec eux, exposé au préalable clairement, loyalement, et suffisamment, quel est le nouveau système dont il a fait choix, et en quoi consiste ce système.

Ainsi, peu importe de qui vient le système suivi, pratiqué par le Gouvernement, le système auquel se rallient les trois Pouvoirs; qu'il vienne de la Royauté et soit proposé par ses ministres, ou qu'il vienne des Chambres, ce n'est aucunement une question à discuter. — Discuter cette question, ce n'est pas seulement une chose inutile, vaine, absurde; c'est encore... c'est entasser entre les trois Pouvoirs des barils de poudre et en approcher du feu.

La question, la seule question à discuter, c'est le *système à suivre;* et, nous le répétons, en cas d'embarras, de complication, de dissidence, celui des trois coopérateurs qui refuse de s'associer plus longtemps au système suivi, est tenu d'expliquer clairement ce qu'il veut pour que chacun des deux autres soit au moins mis en demeure d'accepter ou de refuser en connaissance de cause.

Tels sont les principes du Gouvernement représentatif, et ses plus élémentaires conditions d'existence. On peut ne pas vouloir ce Gouvernement; mais on ne saura faire que tels ne soient pas ses conditions d'existence et ses principes.

Appliquons à la situation présente.

Un système de paix et d'acceptation des traités antérieurs a été suivi depuis huit années que la révolution de Juillet a instauré un nouveau gouvernement.

Ce système (bon ou mauvais) a jusqu'ici été *consti-tutionnel*, parce que jusqu'ici il a été appliqué par les cabinets, de concert avec la majorité dans les Chambres.

Mais c'est, dit-on, le système du Roi, la volonté du Roi. — Qu'importe ? la question constitutionnelle ne peut pas être de savoir qui a inventé le système (bon ou mauvais); la question est de savoir d'abord, avant de commencer une lutte de Pouvoirs, si l'un ou l'autre des autres Pouvoirs propose formellement un autre système.

Eh bien ! que se passe-t-il ?

Par suite de nos idées, de nos mœurs démocratiques, de l'état actuel de la civilisation et des choses en France, l'un des trois Pouvoirs, la Députation, est devenu tellement puissant, a tellement débordé sur ses limites théoriques et constitutionnelles, qu'il est passé en fait de force majeure que le système VOULU par la Chambre des Députés est le système fatal, imposé, nécessaire.

Très bien. —Mais on entend des cris d'oppression; on entend des plaintes violentes !

C'est donc la Royauté qui se plaint du joug inconstitutionnel que la Chambre des Députés lui impose? —Non, en vérité! La Royauté fait tout son possibble pour que le système qu'elle aime le mieux (à tort ou à raison) soit toujours agréable à la Chambre; mais rien ne permet de supposer qu'elle veuille jamais, même pour un changement complet de système, se mettre en lutte avec la Chambre.

C'est donc la Chambre des Pairs qui se plaint de la tyrannie de la Chambre des Députés? — La Chambre des Pairs? hélas! loin de se plaindre, cette Chambre *haute* ramasse chaque année, avec une longanimité peu aristocratique, le budget que les bourgeois de l'autre Chambre lui jettent en partant pour leurs provinces, avant que la session soit close:

et la Chambre aristocratique prend bien soin de ne pas changer un centime au budget, de peur d'obliger les bourgeois à revenir.

Mais qui donc se plaint? qui donc veut imposer un changement de système à la Royauté, à la Chambre des Pairs, à la Majorité de la Chambre des Députés? — Qui? eh! c'est la minorité de la Chambre des Députés...

Mais cette minorité du moins est forte, compacte, unie, homogène; elle possède en *qualité* et en *unité* une force que la Majorité ne peut vaincre que par son nombre? Non pas, en vérité : cette minorité n'est qu'une Coalition étrange, un pêle-mêle de dix minorités, de vingt sous-minorités opposées, entre elles! un rassemblement, inconnu dans les fastes des plus mauvaises époques de dissolution, dans ces époques où l'égoïsme et l'individualisme triomphent de tous les principes, opèrent toutes les promiscuités et s'arrachent les débris vermoulus des vieilles sociétés qui tombent!

Et c'est cette minorité de minorités, où se trouvent entraînés nombre d'hommes honorables qui n'ont pas conscience du mal qu'ils font, du mal qu'ils servent à faire, des maux qu'ils préparent ; c'est cette minorité où la passion a confondu le vice, la vertu, la fausse honte, l'austérité, la pussillanimité, la crainte de l'impopularité, l'ambition jalouse, l'ardeur acharnée de la domination, l'orgueil... et où dominent surtout la légèreté et la vanité... c'est là ce qui veut gouverner la France, et qui crie à l'oppression! à la tyrannie! au coup d'état! parce qu'on ne lui a pas encore laissé la France à gouverner!

Il faut vivre en ces temps-ci pour voir de pareilles choses!

Ainsi :

La Majorité de la Chambre des Députés n'a pas proposé de *système nouveau* à la Royauté. — La Royauté n' refuse donc pas de se mettre d'accord avec une volonté gouvernementale, avec un système exprimé par la Majorité.

La Coalition n'a pas proposé de *système nouveau* à la Royauté. — La Royauté n'a donc pas même eu seulement à refuser de se mettre d'accord avec la volonté gouvernementale de la Coalition.

Qu'est-ce que veut donc la Coalition, et de quoi se plaint-elle? Est-ce qu'elle veut que la Royauté pratique tous ses systèmes à la fois, ses dix systèmes intestins, dont elle a eu soin de ne rien dire à la tribune, mais qu'on lui connaît? Est-que la Royauté est tenue, sous peine d'être accusée d'opprimer, de tyranniser la Coalition, et pour mériter ses bonnes grâces :

1° De se mettre en désaccord avec la Majorité des deux Chambres:

2° De gouverner simultanément dans le sens

> Du centre droit,
> Du centre gauche,
> De la gauche,
> Du carlisme,
> Du républicanisme,
> Et de toutes les ramifications de ces cinq branches de l'arbre aux 213 fleurs qu'épanouit la Coalition ?

Nous croyons beaucoup de génie à la Coalition; mais nous ne pouvons lui en supposer assez pour la croire capable de gouverner à la fois dans toutes ces directions.

Il est donc évident, et clair comme le jour, que la Coalition en se formant, en se posant pour renverser le système (quel qu'il soit) du Cabinet, pour renverser le Cabinet, et en prétendant s'imposer à la Royauté pour le remplacer;

il est clair comme le jour qu'en agissant ainsi la Coalition a créé un grand fait antiparlementaire, anticonstitutionnel ; qu'elle a voulu jeter la Royauté dans une impasse ; dans une impasse, encore, dont elle s'est plue à lui fermer elle-même l'issue en la narguant.

Or, la Royauté n'avait que deux voies pour sortir de cette impasse : l'une de ces voies, c'était de passer sur le corps de la Coalition par un Coup d'État : — il est permis de croire que la Royauté n'en a pas même eu l'idée.

L'autre voie était d'envoyer les coalisés se faire juger devant la France électorale.

Il est bien vrai qu'il y avait un troisième parti encore; il y avait le parti d'abandonner la Majorité, de trembler devant une minorité turbulente, d'abaisser la couronne devant une coalition de factions, et de laisser la République, le Carlisme, le Centre droit, le Centre gauche, la Gauche et tous les partis se précipiter à la fois, dans la personne de leurs représentants, sur le trône de France.

La Royauté a eu le courage de repousser cette humiliation, et elle a eu le bon sens de compter sur l'intelligence de la France.

La Royauté peut, avec dignité, accepter de la Chambre, un système, et même *des hommes avec un système*, le système fût-il contraire à sa propre pensée, et les hommes à ses propres sympathies ; mais elle ne peut pas, sans s'avilir, subir des *hommes seulement*, des hommes venant sans système, et par conséquent venant dominer et régenter, de leurs personnes, la personne de la Royauté.

Il faut poser la question clairement; il faut nous entendre en France. Voulons-nous, oui ou non, en France, la Monarchie, la Royauté ? — Que l'on décide ce point-là.

Mais ce point-là résolu, et si l'on veut de la Royauté, il faut se rappeler que tant que nous conservons la Royauté à notre tête, et sur notre trône; tant que la Royauté porte sur son front notre couronne, la Royauté nous représente, représente la France. — Si vous ne voulez plus d'elle, dites-le-lui avec quelque unanimité, priez-la d'abdiquer, ou faites une révolution contre elle. — Ah ! que ceux qui veulent à tout prix la renverser veuillent aussi l'humilier, l'avilir, et y prennent peine, cela est logique, très-logique ; parce que, en France, une Royauté avilie est une Royauté perdue : c'est Louis XV qui a exécuté Louis XVI. Mais que les amis de la Monarchie veuillent faire subir à la Monarchie le joug d'une incohérente coalition, d'une coalition qui, une fois le cabinet renversé, arrachera insolemment, des mains du Roi, des portefeuilles que le Roi doit donner, et les arrachera sans avoir dit préalablement au Roi, sans avoir dit préalablement à la France, ce qu'elle entend faire de ces portefeuilles; c'est là ce qui étonne; car c'est un outrage au Roi et une insulte à la France.

Nous avons montré que la Coalition a voulu jeter le Pouvoir royal dans une impasse; lui proposer avec ironie un logogriphe à deviner; le forcer à subir ses hommes, non pas en les lui présentant au nom de l'intérêt de la France et avec un système délibéré et adopté par la Majorité des représentants de la France; mais les lui imposer sans système, par violence, comme on impose des gardiens à un coupable, à un vaincu ! Et ces chefs de la Coalition, ces tribuns, si puissants qu'ils sont obligés de se réunir à dix pour dominer la minorité de la Chambre, et qui néanmoins veulent dominer la Majorité et le Roi, ces incroyables hommes d'État crient hypocritement à l'oppression ! à l'envahissement ! à la tyrannie ! — Pourquoi ? — parce que la Royauté ne s'est pas encore rendue à eux à merci, ne leur a pas encore remis son épée, le sceptre et les clefs du royaume !

C'est qu'il y a vraiment là des hommes qui, sincèrement, se croient expropriés quand on se passe d'eux pour gouverner la France.

Mais vanité ou naïveté, bonne foi ou mauvaise foi, ces actes sont extra-constitutionnels, extra-parlementaires, ET LA COALITION A MIS UN PIED DANS LA RÉVOLUTION. — Aveugles et débiles monarchistes de la Coalition, demandez aux républicains s'ils ne pensent pas comme nous sur ce chapitre.

Si donc, tout à coup, la France a pris fantaisie de la guerre, qu'elle le prouve en renforçant les rangs de la Coalition, — et qu'elle les renforce encore si elle a fantaisie d'une révolution.

Cette fois, il faut bien le dire, une révolution serait chose tentante. En effet, comme le Gouvernement qui sort d'une révolution, se prend toujours parmi les vainqueurs, la France, qui n'a eu en Juillet d'autre choix que Louis-Philippe ou la République, la France aurait aujourd'hui dans les rangs du parti triomphant un magnifique assortiment de gouvernements de tous les genres.—Si elle voulait Henri V, elle l'y trouverait; Louis Bonaparte, elle l'y trouverait; elle y trouverait M. Garnier-Pagès tout prêt pour présider la République; elle y trouverait même plusieurs sortes de républiques; mais c'est surtout une superbe collection de monarchies constitutionnelles et de candidats au *trône rajeuni* qui augmenterait singulièrement les embarras du choix; — ainsi nous pourrions avoir la dynastie de Guizot Ier, la dynastie de Thiers Ier, la dynastie de Glais-Bizoin Ier, et beaucoup d'autres dynasties variées, nuancées jusqu'à la dynastie de Odillon Barrot Ier, laquelle serait environnée d'institutions républicaines.

Si la France ne trouvait pas moyen de faire son bonheur au milieu de tout cela, ce serait, il faut le dire, à désespérer de l'efficacité de la Politique, et des hommes politiques, et des formes politiques pour faire le bonheur des nations; — on commencerait peut-être alors à ne plus demander *tout* aux gouvernements, on ne s'obstinerait plus à *tout* attendre des gouvernements; et l'on penserait sans doute enfin à chercher ailleurs que dans les vieilles idées politiques.

Et alors que trouverait-on ? Ce que l'on trouverait ? il n'est pas difficile de le dire.

Système Pacifique et Organisateur.

On trouverait que la prospérité et le bonheur des nations ne dépendent point des idées étroites et des vaniteuses passions qui remuent depuis si longtemps dans nos Chambres; on trouverait que les moyens de la prospérité et du bonheur des peuples ne sont point exposés dans la phraséologie nuageuse, prétentieuse et puritaine de M. Guizot; pas plus que dans l'éloquence tricolore de M. Thiers, et dans les belliqueuses images dont sa faconde arrose si abondamment la Chambre; qu'ils ne sont point non plus dans les sonores paroles de probité, de liberté, de dignité, qui n'attestent que les désirs de la gauche, et restent sans valeur tant qu'on ne cherche pas les moyens pratiques de réaliser ces désirs honorables.

On reconnaîtrait que ce sont les socs et les bêches, et non les canons et les glaives, qui créent les richesses des nations; qu'il faut mettre en honneur et le soc et la bêche, et le ringard et tous les instruments de travail et de paix, dans notre société nouvelle, comme on avait mis en honneur les épées, les massues, les lances, les canons et tous les instruments de guerre dans les sociétés guerrières du passé.

On reconnaîtrait qu'il est bien temps de laisser là ces vaines luttes de paroles qui ne cessent de volcaniser les nations; de laisser là ces fanatismes qui abusent les cœurs les plus sympathiques, les têtes les plus vives et les plus ardentes, qui fomentent et entretiennent les querelles, avivent les plaies, et ne préparent que des tempêtes.

On reconnaîtrait qu'une nation ne peut être heureuse, digne, libre et morale, qu'à la condition d'être éclairée, et qu'elle ne peut être éclairée qu'à la condition d'être riche; qu'il est donc temps de songer à augmenter la richesse générale, à répartir équitablement l'augmentation sur toutes les têtes de ceux qui l'auront produite, en proportion de leur zèle et de leur travail.

On reconnaîtrait qu'il est monstrueux que nous perdions le temps à suivre les intrigues politiques du centre droit, du centre gauche, et de tous ces partis ensemble, quand nous avons des terres mal cultivées ou incultes, des matériaux qui pourrissent, des capitaux qui dorment, des sciences, des arts à développer, quand nous avons immensément de travaux à faire et en même temps des milliers de bras, des milliers d'intelligence qui manquent de travail, qui demandent, et à grands cris, du travail, et qui en demandent vainement, qui meurent ou se démoralisent, et vont croupir aux bagnes, faute de pouvoir vivre par des moyens honorables.

On reconnaîtrait qu'il est honteux que l'on écoute encore ces discussions stériles d'une politique aux abois, au lieu de songer à ouvrir des carrières agricoles, industrielles, scientifiques, aux facultés qui sommeillent ou qui luttent misérablement les unes contre les autres, faute d'être dirigées sur des travaux utiles.

Pourquoi disputons-nous donc sur des niaiseries quand l'agriculture, l'industrie, le commerce, les arts, les grands travaux publics réclameraient toute l'intelligence et toute l'activité des Pouvoirs sociaux et des facultés individuelles ? Pourquoi ne cherchons-nous pas à combiner le mieux possible les forces créatrices de la richesse, du bien-être, de la moralité et de la liberté ? à faire converger par l'association les intérêts qui se heurtent ? à mettre en honneur et en activité toutes les bonnes choses ? à établir une prévoyance sociale, une éducation féconde, professionnelle et industrielle, qui nous coûtera moins et nous rapportera plus que l'entretien et la construction des prisons et des bagnes, qui exigent des dépenses de plus en plus affligeantes, de plus en plus colossales ?

Au lieu de nous déchirer les uns les autres et de nou. faire tant de mal pour des sujets qui n'en valent pas la peine ; qui ne touchent aucunement nos vingt-deux millions de laboureurs, nos six ou huit millions d'ouvriers ; qui n'amélioreront jamais leur sort, n'adouciront jamais leurs souffrances ; qui ne peuvent même que perpétuer leur misère en perpétuant les désordres, les crises, les suspensions de travail ; au lieu de perdre nos forces dans ces funestes luttes politiques, entrons donc enfin dans la voie large, pacifique et vraiment libérale des améliorations sociales ! — Inaugurons cette organisation du travail qui éteindra la mendicité, préviendra les crimes enfantés par la misère, unira les hommes et fera descendre enfin sur notre terre cette Paix féconde et glorieuse, cette Paix dont la main sème les fleurs et les épis, cette Paix qui cimentera la Sainte-Alliance des peuples, cette Paix que le poëte, que le philosophe, que le philanthrope, que le chrétien ont depuis longtemps entrevue dans leurs rêves, et que dès maintenant nous pouvons posséder en réalité.

Voilà longtemps que nous conseillons ces choses sensées, sages, raisonnables. Il y a quatre ans, nous écrivions et nous développions ceci.

« On gouverne bien, non pas quand on sait comprimer « les activités hostiles, mais quand on *sait s'emparer de* « *toute l'activité et la diriger sur un but honorable, utile à* « *la nation et à la société.* »

Plus loin, dans le même écrit qui développait cette pensée, on lisait cette prédiction :

« Nous touchons à une époque où, selon toute appa-
« rence, il sera très-difficile de *réunir au Pouvoir six hommes*
« *ayant une pensée politique et pouvant parfaitement s'entendre*
« sur le système à suivre pour gouverner la France et
« régler l'essor de son mouvement progressif. C'est qu'il n'y
« a plus de conviction profonde et générale, plus d'idée qui
« agisse sur les masses et rallie les volontés ; chacun a son
« opinion, son système à lui ; en un mot, la division dans
« les croyances politiques est poussée à l'extrême, si tant
« est qu'on puisse donner ce nom de croyance à *ces opinions*
« *d'un jour que la vanité, l'intérêt, ou la peur font et dé-*
« *font à chaque instant* (1). »

Voilà longtemps, en effet, que nous prévoyons ce qui arrive et que nous proclamons ce qu'il faut faire et ce qu'il faut éviter. — On commence enfin à nous écouter ; nous ne prêchons plus dans le désert, et cette fois, de l'excès du mal va sans doute naître le remède ; car la France est trop sage pour que l'inutilité, la vanité, et le danger des luttes

(1) *Débacle de la Politique en France*, page 28 et page 70.

purement politiques, ne lui apparaissent pas aujourd'hui dans un trop funeste éclat ! — La Politique d'intrigues, de subtilités, cette politique dissolvante qui rappelle si bien les querelles du Bas-Empire ne résistera pas à cette dernière épreuve. — Et la Politique large et pacifique, à laquelle il appartient de donner aux peuples la liberté, la dignité et le bonheur, par le développement des améliorations positives et sociales; la Politique qui prendra pour tâche de porter ces améliorations sur toute la surface du pays, en s'occupant enfin de l'état industriel des quarante-six mille *communes* de France; cette politique arrive à grands pas. — Les communes salueront avec joie sa venue. Les communes ! où vivent vingt-deux millions de laboureurs et six millions d'ouvriers, dont la vieille politique ne prend souci que pour leur demander des hommes et de l'argent; les communes ! où sont assis tous les intérêts de l'industrie et de la propriété; nos communes enfin qui deviendront quarante-six mille sources de prospérité et d'abondance, quand nous aurons su y verser des capitaux, y développer le crédit, y organiser le travail, les relier par de bonnes voies de communication, et y déployer, par une éducation industrielle, libérale et féconde, les facultés de tous leurs enfants, qui sont les enfants de la France.

Il faut que les Gouvernements y songent; il faut que les Gouvernements pensent à entrer maintenant dans le domaine de l'industrie où se transporte la vie sociale; il faut qu'ils régularisent le commerce, le crédit, qu'ils avisent à équilibrer la production et la consommation, qu'ils se fassent enfin les Pilotes et les Chefs du mouvement industriel qui se développe, s'ils veulent être sûrs de se trouver bientôt encore les chefs de quelque chose. — La Guerre s'en va, le Travail vient : les Gouvernements régularisaient et dirigeaient autrefois la Guerre ; il faut maintenant qu'ils régularisent et qu'ils dirigent le Travail et la Paix.

Le mal, c'est que le Gouvernement, en France, n'ait pas encore compris, mieux que ses ennemis, quelle doit être sa mission nouvelle. Si le Gouvernement veut gouverner sans crainte, sans trouble, en recueillant les bénédictions des populations, en convertissant même à lui les révolutionnaires, il faut qu'il songe à occuper les esprits, à diriger les facultés vers un but, à passionner les activités pour les travaux théoriques et pratiques des créations industrielles et des améliorations sociales. — Les moyens de fonder cette unité salutaire, de diriger toutes les forces, aujourd'hui ennemies ou divergentes, sur des œuvres utiles, productives, progressives et conservatrices à la fois, sont d'une exécution facile. — Quand le Gouvernement voudra les connaître, on les lui donnera.

Mais qu'ils y songent, les Gouvernements! Soit dans la guerre, soit dans la paix, on n'est maître des Peuples que quand on marche à leur tête! — Qu'ils y songent; s'ils n'entraînent pas les esprits sur un grand but d'utilité et de gloire pacifique; s'ils n'appellent pas dans de bons désirs et dans une sage prévoyance cet esprit nouveau, cet esprit des jeunes générations, cet esprit qui devient fort chaque jour; s'ils ne se font pas centre de travail, de crédit, de puissance industrielle, la paix leur sera funeste. Les vieux levains se réveilleront à toutes les crises; les prolétaires leur demanderont fièrement, dans toute l'Europe, d'améliorer leur sort ou de faire place aux révolutionnaires qui leur promettent de l'améliorer et qui croient follement, mais franchement, le pouvoir.

Que les Gouvernements y songent! les tempêtes qui se forment dans les temps de calme et qui éclatent dans un ciel serein sont plus terribles que celles qui viennent dans les temps sombres.

Et puis, outre les émeutes populaires dans les rues, il y a les émeutes parlementaires dans les Chambres... ce ne sont pas toujours les moins dangereuses.

CONCLUSION.

Concluons :

Si la crise amenée par la Coalition sert à faire prendre au Gouvernement une attitude plus ferme à l'extérieur ;

Si elle sert à lui faire comprendre la nécessité d'organiser la paix, le travail et la vie sociale à l'intérieur ;

Et si le pays n'appelle pas imprudemment la Guerre et la Révolution en lançant sur le Gouvernement la Coalition victorieuse ;

Alors la Coalition aura rendu un véritable service au pays ; et plus tard, quand la crise sera passée, on pourra être reconnaissant envers ses *capacités réelles*.

Si donc les électeurs, à qui ces éclaircissements s'adressent, nous honoraient en nous demandant un conseil, voici ce que nous répondrions :

Aux électeurs républicains : « Votez pour la Coalition. »

Aux électeurs légitimistes : « Votez pour la Coalition. »

Aux électeurs napoléonistes : « Votez pour la Coalition. »

Et aux électeurs qui veulent la consolidation de l'Ordre de choses fondé en 1830 et les améliorations sociales que cet Ordre de choses doit constituer sous peine d'être renversé tôt ou tard, nous dirons :

«Votez pour des hommes nouveaux ; envoyez à la Cham-
« bre des hommes qui n'aient point participé à ces luttes, qui
«n'aient point commis ces grandes fautes, qui n'aient point
« l'esprit brûlé par ces rivalités dangereuses ; des hommes
« dont l'intelligence soit libre des engagements passionnés
« de la Coalition, et qui, si vous les envoyez en assez grand
« nombre, passeront à l'ordre du jour, avec dignité, sur
« ces mesquins débats, pour vaquer aux affaires de la
« France.

«Envoyez à la Chambre des hommes nouveaux, des
« hommes sages, et des idées larges. »

VICTOR CONSIDERANT.

FIN.

www.ingramcontent.com/pod-product-compliance
Lightning Source LLC
Chambersburg PA
CBHW061117050726
47594CB00005B/1973